Leo Tolstoj: Herre og tjener (1895)
Leo Tolstoj: Herre och dräng
Leo Tolstoy: Master and Man
Lew Tolstoj: Herr und Knecht
Leo Tolstoj: Maester en knecht
Lev Tolstoï: Maître et Ouvrier

ЛЕВ ТОЛСТОЙ

ХОЗЯИН И РАБОТНИК

The vocabulary is based on
Schacht/Vangmark: Russian-English Basic Dictionary
Schacht/Vangmark: Russisk-Dansk Grundordbog

Series editor: Ulla Malmmose

EDITORS
Ljudmila Runedal, *Denmark*
Helge Vangmark, *Denmark*

ADVISERS
Lillemor Swedenborg, *Sweden*
Derek Green, *Great Britain*

Design: Ib Jørgensen
Illustrations: Oskar Jørgensen

© 1972 by ASCHEHOUG A/S (Egmont)
ISBN Danemark 87-429-7690-1
www.easyreader.dk

Printed in Denmark by
Sangill Grafisk Produktion, Holme Olstrup

Лев Никола́евич Толсто́й
(1828–1910)

роди́лся в уса́дьбе «Ясная Поля́на». По́сле университе́тских заня́тий он верну́лся в Ясную Поля́ну и там стал улучша́ть быт крестья́н. Одна́ко э́то ему́ не удало́сь. Он уе́хал на Кавка́з, поступи́л на вое́нную слу́жбу и при́нял уча́стие в Кри́мской войне́. Верну́вшись в Ясную Поля́ну, Толсто́й с огро́мной худо́жественной си́лой изобрази́л крупне́йшее собы́тие ру́сской исто́рии – Оте́чественную войну́ 1812 го́да, в рома́не «Война́ и мир». Он жени́лся и жил счастли́вой семе́йной жи́знью. Широ́кую карти́ну жи́зни Росси́и в э́ту эпо́ху нарисова́л Толсто́й в рома́не «Анна Каре́нина». Толсто́й оконча́тельно прихо́дит к мы́сли, что жизнь наро́да, крестья́н, поле́зна, справедли́ва и нра́вственна, а жизнь поме́щиков, чино́вников, вообще́ госпо́дствующих кла́ссов бесполе́зна, несправедли́ва и безнра́вственна. Его́ трево́жили и мысль о сме́рти, и созна́ние, что его́ жизнь противоре́чит его́ же уче́нию. Он реши́л уйти́ из своего́ до́ма и прожи́ть после́дние го́ды жи́знью просто́го челове́ка. Он поки́нул Ясную Поля́ну, но в доро́ге он простуди́лся и у́мер на ста́нции Аста́пово.

 сундук

ХОЗЯИН И РАБОТНИК

Это было в семидесятых годах, на другой день после церковного праздника святого Николы. В приходе* был праздник, и купцу второй гильдии* Василию Андреичу Брехунову нельзя было отсутствовать: надо было быть в церкви, – он был церковный староста, – и дома надо было принять и угостить родных и знакомых. Но вот последние гости уехали, и Василий Андреич стал собираться тотчас же ехать к соседнему помещику чтобы купить рощу*, которую он уже давно желал купить. Василий Андреич спешил, чтобы городские купцы не приехали до него и не отняли у него эту хорошую покупку*. Молодой помещик просил за рощу десять тысяч только потому, что Василий Андреич давал за неё семь. Семь же тысяч составляли только одну третью часть того, сколько она стоила. Василий Андреич узнал, что губернские купцы леса хотели ехать покупать Горячкинскую рощу, и он решил тотчас же ехать и покончить дело с помещиком. И потому, как только отошёл праздник, он достал из сундука* свой семьсот рублей, добавил

---
* приход: люди, которые принадлежат данной церкви
* гильдия: общество купцов
* роща: небольшой лес (чаще лиственный)
* покупка: купленная вещь

к ним находя́щихся у него́ церко́вных две ты́сячи три́ста, так что́бы соста́вилось три ты́сячи рубле́й. Он то́чно их сосчита́л, положи́л в карма́н и собра́лся е́хать.

Рабо́тник Ники́та, оди́н в э́тот день не пья́ный из рабо́тников Васи́лия Андре́ича, побежа́л запряга́ть* ло́шадь. Ники́та не́ был пьян в э́тот день потому́, что он на одни́х пра́здниках пропи́л* с себя́ свою́ ве́рхнюю оде́жду и ко́жаные сапоги́. Он дал себе́ сло́во бо́льше не пить и не пил второ́й ме́сяц.

Ники́та был пятидесятиле́тний мужи́к из сосе́дней дере́вни. Он был нехозя́ин, так говори́ли про него́.

---

* запряга́ть/запря́чь: привя́зывать/привяза́ть ло́шадь к саня́м
* пропи́ть: вы́пить за все свои́ де́ньги и прода́ть свои́ ве́щи

Бо́льшую часть свое́й жи́зни он жил и рабо́тал не до́ма, а в лю́дях. Везде́ его́ признава́ли за его́ труд и си́лу в рабо́те, гла́вное – за до́брый, прия́тный хара́ктер; но он нигде́ не мог согла́сно жить, потому́ что он ча́сто был пьян, со все́ми ссо́рился и шуме́л. Васи́лий Андре́ич то́же не́сколько раз гнал его́ вон, но пото́м опя́ть брал обра́тно, ра́ди его́ че́стности, любви́ к живо́тным и, гла́вное, что он был дешёвый рабо́тник. Васи́лий Андре́ич плати́л Ники́те не во́семьдесят рубле́й, ско́лько сто́ил тако́й рабо́тник, а рубле́й со́рок, кото́рые выдава́л ему́ без расчёта и ре́дко деньга́ми. Вме́сто де́нег он дава́л ему́ по дорого́й цене́ това́ры из свое́й ла́вки.

Жена́ Ники́ты, Ма́рфа, когда́-то бы́вшая краси́вая ба́ба, рабо́тала до́ма. Ей помога́ли оди́н ма́льчик и две девушки. Марфа не звала Никиту жить у себя, во-первых, потому, что она жила уже двадцать лет с мужиком из чужой деревни; а во-вторых, потому, что она боялась мужа, когда он бывал пьян. Один раз он пришёл к жене пьяным и со злости* сломал замок её сундука, взял её платья и разрезал всё на мелкие куски. Всё жалованье* Никиты отдавалось его жене, и Никита ничего не имел против этого. Так и теперь, за два дня до праздника, Марфа приезжала к Василию Андреичу и забрала у него чаю, сахару и вина, всего рубля на три, да ещё взяла пять рублей деньгами. Она благодарила за это, как за особую милость, несмотря на то, что Василий Андреич был должен Никите рублей двадцать.

– У меня не как у других людей. Ты мне служишь, и я тебя не оставляю, – говорил Василий Андреич Никите. Василий Андреич был искренно уверен, что он оказывает помощь Никите: так уверенно он умел говорить и так все люди, которые зависели от его денег, поддерживали его в этом убеждении, что он не обманывает, а оказывает им помощь.

– Да я понимаю, Василий Андреич, я служу и стараюсь, как отцу родному, – отвечал Никита. Он очень хорошо понимал, что Василий Андреич обманывает его, но вместе с тем он чувствовал, что ему нельзя требовать свои расчёты, а надо жить, пока нет другого места.

Теперь он получил приказание хозяина вывести лошадь. Никита, как всегда, весело и охотно пошёл за лошадью.

---

* злость, от слова злой
* жалованье: деньги за работу

– Что, скучно тебе тут одному? – говорил Никита, войдя в хлев,* где стоял среднего роста рыжий жеребец*. – Подожди, будем играть потом. Сначала я тебе дам пить, – говорил он с лошадью совершенно так, как говорят с человеком. Никита почистил, погладил нежно жеребца и повёл его к колодцу.

По дороге жеребец делал вид, что хочет задней ногой ударить Никиту.

– Играй, играй, хитрый! – говорил Никита. Он знал, что лошадь это делает осторожно, чтобы не ударить Никиту.

Когда лошадь выпила холодную воду, Никита побежал с весёлой молодой лошадью к сараю.

Работников никого не было; был только один чужой, муж кухарки* Василия Андреича.

– Пойди спроси, душа милая, – сказал ему Никита, – какие сани запрягать: большие или маленькие?

Муж кухарки скоро вернулся с ответом, что барин велел подать маленькие.

– Маленькие так маленькие, – сказал Никита и запряг умную лошадь, которая всё время делала вид, что хочет кусать его.

Когда всё было почти готово, Никита послал мужа кухарки в сарай за соломой.*

– Вот и ладно. Но, но, не прыгай! – говорил Никита и укладывал свежую солому в сани. – А теперь положим мешок сверх соломы. Вот так хорошо будет сидеть, – говорил он.

– Вот спасибо, душа милая, – сказал Никита, –

---

* хлев: деревянный дом для домашних животных
* жеребец: конь, в возрасте 3-5 лет
* кухарка: женщина, которая готовит обед
* солома: сухая трава

вдвоём всё быстрее. – И Никита сел в сани и повёл добрую лошадь к воротам.

– Дядя Никита, дядя! – закричал сзади его тонким голосом семилетний сын Василия Андреича. Он был одет в чёрную короткую шубу. На нём были белые зимние ботинки и тёплая шапка. – Меня посади, – просил он, на ходу застёгивая шубу.

– Ну, ну, беги, милый, – сказал Никита. Он остановил сани, посадил хозяйского бледного, худого мальчика, который сиял от радости, и выехал на улицу.

Было три часа. Был мороз и сильный ветер. Половина неба была закрыта низкой тёмной тучей. Но на дворе было тихо. На улице же ветер был заметнее: с крыши соседнего сарая падал снег и весело кружился. Едва только Никита выехал в ворота и завернул лошадь к крыльцу, как и Василий Андреич в тёплом зимнем тулупе* вышел на крыльцо. Он остановился и поправил с обеих сторон углы воротника.

Василий Андреич сегодня был более, чем обыкновенно, доволен всем тем, что ему принадлежало, и всем тем, что делал. Вид своего сына в санях доставлял ему большое удовольствие; он ласково смотрел на него.

Беременная,* бледная и худая жена Василия Андреича стояла за ним на крыльце.

– Ты Никиту бы с собой взял, – говорила она робко.

Василий Андреич ничего не отвечал, и на слова её, которые были ему, очевидно, неприятны, он сердито нахмурился и плюнул.

---

* тулуп: вид шубы
* беременная: женщина, которая ждёт ребёнка (в положении)

— Ты ведь с деньгами поедешь, — продолжала тем же жалобным голосом жена. — Да и погода может подняться.

— Что ж я, разве дороги не знаю, что мне непременно спутника нужно? — сказал Василий Андреич тем же тоном, каким он обыкновенно говорил с купцами.

— Ну, право, возьми Никиту. Богом тебя прошу! — повторила жена.

— Да оставь меня в покое... Ну куда я его возьму?

— Что ж, Василий Андреич, я готов, — весело сказал Никита. — Только лошадям сена бы без меня дали, — прибавил он.

— Я посмотрю, Никита. Я Семёну велю это сделать, — сказала хозяйка.

— Так что ж, ехать, что ли, Василий Андреич? — сказал Никита, и стал ждать ответа.

— Да уж, видно, надо исполнить желание старухи. Только если ехать, то иди одень пальто потеплее, — говорил Василий Андреич, и он улыбался и смотрел на него.

— Эй, душа милая, подержи лошадь! — крикнул Никита мужу кухарки.

— Я сам, я сам! — радостно закричал мальчик. Он поспешно вынул свои красные от мороза ручки из карманов и взялся за холодные вожжи.*

— Только ты не очень нарядное пальто надень, да живо! — крикнул Василий Андреич весело.

— Я скоро, Василий Андреич, — сказал Никита, и он быстро побежал в рабочую избу.

— Ну-ка, Аринушка, кафтан* давай мой с печи — с хозяином поеду! — говорил Никита.

Кухарка ставила самовар для мужа, она весело встретила Никиту и начала спешить, так же как он.

* во́жжи: верёвки для управле́ния ло́шадью
* кафта́н: стари́нная мужска́я ве́рхняя оде́жда

Она́ доста́ла с пе́чи ста́рый кафта́н и ста́ла трясти́ его́.

- Вот тебе́ тепе́рь с му́жем просто́рно гуля́ть бу́дет, - сказа́л Никита из ве́жливости, а сам стал бы́стро одева́ться.

- Ты бы, Никита, други́е сапоги́ оде́л, - сказа́ла Ари́нушка, - э́ти уж о́чень плохи́е.

- Да на́до бы ... Ну да ничего́, хорошо́ и так, - отве́тил Никита и побежа́л на двор.

- Не хо́лодно тебе́ бу́дет, Никита? - сказа́ла хозя́йка, когда́ он подошёл к саня́м.

- Чего́ хо́лодно, мне тепло́, - отвеча́л Никита. Он попра́вил соло́му в саня́х, чтобы закры́ть е́ю но́ги, и спря́тал кнут* под соло́му.

Васи́лий Андре́ич уже́ сиде́л в саня́х, на нём было две шу́бы. Он за́нял почти́ всю за́днюю часть сане́й. Он взял во́жжи, и они́ пое́хали.

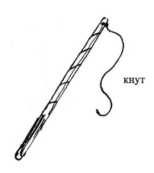

кнут

ВОПРО́СЫ

1. Кем был Васи́лий Андре́ич?
2. Како́й был пра́здник в це́ркви?
3. Заче́м он хоте́л е́хать?
4. Почему́ Ники́та бо́льше не пил?
5. Люби́ла Ма́рфа своего́ му́жа?
6. Как Ники́та получа́л своё жа́лованье?
7. Как относи́лся к рабо́те Ники́та?
8. Что де́лал Ники́та в хлеву́?
9. Ско́лько лет бы́ло сы́ну Васи́лия Андре́ича?
10. Кака́я была́ пого́да?
11. Почему́ проси́ла жена́ Васи́лия Андре́ича взять с собо́й Ники́ту?
12. Чем был дово́лен Васи́лий Андре́ич?
13. Куда́ положи́л Ники́та соло́му?
14. Почему́ Васи́лий Андре́ич за́нял за́днюю часть сане́й?

ГЛАВА́ ВТОРА́Я

До́брый жеребе́ц с лёгким скри́пом поло́зьев* тро́нулся по моро́зной доро́ге.
- Ты куда́ влез? Дай сюда́ кнут, Ники́та! - кри́кнул Васи́лий Андре́ич, очеви́дно он был рад, когда́ он уви́дел своего́ сы́на, кото́рый стоя́л сза́ди на поло́зьях.
- Ах, ты! Беги́ скоре́е к ма́ме!

Ма́льчик то́тчас вы́скочил из сане́й. Жеребе́ц приба́вил ша́гу.

Как то́лько они́ вы́ехали за после́днюю избу́, они́ то́тчас же заме́тили, что ве́тер гора́здо сильне́е, чем они́ ду́мали. Доро́ги уже́ почти́ не ви́дно бы́ло. След поло́зьев пропада́л под сне́гом, и доро́гу мо́жно бы́ло отличи́ть то́лько потому́, что она́ была́ вы́ше остально́го ме́ста. По всему́ по́лю кружи́лся снег, и не ви́дно бы́ло той черты́, где схо́дится земля́ с не́бом. Теля́тинский лес всегда́ хорошо́ был ви́ден, но тепе́рь то́лько иногда́ был ви́ден че́рез сне́жную пыль. Ве́тер дул с ле́вой стороны́, и дли́нный воротни́к Ники́ты прижима́лся к его́ лицу́ и но́су.
- Бежа́ть по-настоя́щему ло́шади тру́дно, - сли́шком мно́го сне́гу, - сказа́л Васи́лий Андре́ич. Он всегда́ горди́лся свое́ю ло́шадью. - Я раз в Пашу́тино е́здил на нём же, так он в полчаса́ меня́ туда́ доста́вил.
- Чего́? - спроси́л Ники́та.
- В Пашу́тино, говорю́, в полчаса́ дое́хал! - повтори́л Васи́лий Андре́ич.
- Да, ло́шадь до́брая! - сказа́л Ники́та.

---

* по́лоз (поло́зья): две ни́жние ча́сти сане́й, на кото́рых они́ скользя́т как на лы́жах

Они помолчали. Но Василию Андреичу хотелось говорить.

- Что ж, жене-то ты запретил давать мужику водки - заговорил тем же громким голосом Василий Андреич, уверенный в том, что Никите должно быть приятно поговорить с таким значительным и умным человеком, как он. Он был так доволен своей шуткой, что ему и в голову не приходило, что разговор этот может быть неприятен Никите.

- Бог с ними, Василий Андреич, я не вмешиваюсь в их дела. Мне главное, чтобы ребёнка она не обижала, а остальное бог с ней.

- Это так, - сказал Василий Андреич. - Ну, а что ж, лошадь-то будешь покупать к весне? - начал он новый предмет разговора.

- Да придётся, - отвечал Никита и посмотрел на хозяина.

Теперь уж разговор интересовал Никиту, и он желал всё слышать.

- Что же, купи мою лошадь, дорого не возьму! - крикнул Василий Андреич. Он заволновался при мысли о новой торговле.

- Если вы дадите мне рублей пятнадцать, то я на базаре куплю лошадь, - сказал Никита. Он знал, что лошадь, которую Василий Андреич хочет продать ему, стоит рублей семь, а Василий Андреич возьмёт за неё рублей двадцать пять.

- Лошадь хорошая. Я тебе желаю, как самому себе. По совести, Брехунов никакого человека не обидит. По чести! - сказал он - лошадь настоящая!

- Да это правда! - ответил Никита. Он вздохнул и поднял опять воротник и закрыл им уши и лицо. Он решил, что слушать больше нечего.

С полчаса́ они́ е́хали и молча́ли. Дул си́льный ве́тер Ники́те в бок, где бы́ли ды́ры в его́ кафта́не.

Он дыша́л в воротни́к и закры́л им рот, так ему́ бы́ло не хо́лодно.

– Что, как ты ду́маешь, на Карамы́шево пое́дем и́ли пря́мо? – спроси́л Васи́лий Андре́ич.

На Карамы́шево доро́га ле́гче, но – да́льше. Пря́мо бы́ло бли́же, но доро́га плоха́я и ве́шек* не́ было и́ли бы́ли плохи́е.

Ники́та поду́мал немно́го.

– На Карамы́шево хоть и пода́льше, но доро́га ле́гче, – сказа́л он.

– Да ведь пря́мо то́лько вниз спу́стимся, а там ле́сом хорошо́, – сказа́л Васи́лий Андре́ич, кото́рому хоте́лось е́хать пря́мо.

– Во́ля ва́ша, – сказа́л Ники́та.

Васи́лий Андре́ич так и сде́лал, прое́хал полверсты́* и поверну́л нале́во.

Ве́тер дул им навстре́чу. И све́рху пошёл снег. Васи́лий Андре́ич вёл ло́шадь, а Ники́та дрема́л.

Они́ е́хали и молча́ли так мину́т де́сять. Вдруг Васи́лий Андре́ич заговори́л что́-то.

– Чего́? – спроси́л Ники́та и откры́л глаза́.

Васи́лий Андре́ич не отвеча́л. Он огля́дывался наза́д и вперёд пе́ред ло́шадью. Ло́шадь была́ вся в поту́ и шла ша́гом.

– Чего́ ты, говорю́? – повтори́л Ники́та.

– Чего́, чего́! – дразни́л его́ Васи́лий Андре́ич серди́то.

– Ве́шек! Не вида́ть! Наве́рно, потеря́ли доро́гу!

– Так сто́й же, я доро́гу погляжу́, – сказа́л Ники́та и сошёл с сане́й и доста́л кнут из-под соло́мы.

---

* ве́шка: па́лка в по́ле для указа́ния пути́
* верста́: ру́сская ме́ра длины́ = 1,06 км

Снег в этом году был неглубокий, так что везде была дорога, но всё-таки кое-где он был по колено и лез Никите в сапог. Никита ходил, искал ногами и кнутом, но дороги нигде не было.

- Ну что? - сказал Василий Андреич, когда Никита подошёл опять к саням.
- С этой стороны дороги нет. Надо в ту сторону пойти походить.
- Вон что-то чёрное видно впереди, ты туда пойди погляди, - сказал Василий Андреич.

Никита пошёл и туда, но это была земля, которую кто-то бросил на снег. Никита вернулся к саням, очистил с себя снег, стал трясти его из сапога и сел в сани.

- Направо ехать надо, - сказал он решительно. - Ветер мне в левый бок был, а теперь прямо в лицо. Пошёл направо! - сказал он.

Василий Андреич послушал его и взял направо. Но дороги всё ещё не было. Ветер не уменьшался, и пошёл снег.

- А мы, Василий Андреич, кажется, неправильно едем, - вдруг сказал Никита.

Василий Андреич остановил уже усталую и всю в поту лошадь.

- А что? - спросил он.
- А то, что мы на захаровском поле. Вот куда мы попали!
- Врёшь? - крикнул Василий Андреич.
- Не вру я, Василий Андреич, а правду говорю, - сказал Никита, - и по саням слышно - по картофельному полю едем.
- Видишь ты, куда мы попали! - сказал Василий Андреич. - Что же делать?

– А надо прямо ехать, вот и всё, куда-нибудь да выедем, – сказал Никита.

Василий Андреич послушался и пустил лошадь, как велел Никита. Они ехали так довольно долго. Сани гремели по твёрдой земле. Иногда попадали в глубокий белый снег, сверху которого уже ничего не было видно.

Снег шёл сверху и иногда поднимался снизу. Лошадь устала и была покрыта потом. Вдруг она споткнулась и села в глубокий снег. Василий Андреич хотел остановить, но Никита закричал на него:

– Чего держать! Раз заехали – выезжать надо. Но, милый! но! но, родной! – закричал он весёлым голосом на лошадь, выскочил из саней и сам почти не упал в снег.

Никита помог лошади стать на твёрдую землю.

– Где ж это мы? – сказал Василий Андреич.

– А вот узнаем! – отвечал Никита. – Поезжай только, куда-нибудь выедем.

– А ведь это, кажется, Горячкинский лес? – сказал Василий Андреич, указывая на что-то чёрное.
– Вот подъедем, увидим, какой это лес, – сказал Никита.

Никита знал, что это не лес, а, наверно, село, но не хотел говорить. И действительно, не проехали они ещё и десяти шагов, как услышали какой-то новый звук. Никита был прав: это был не лес. Они ехали по дороге.

– Вот и приехали, – сказал Никита, – а неизвестно куда.

У крайнего двора на верёвке висело замёрзшее бельё.

– Видишь, баба ленивая, а может умирает, что бельё к празднику не собрала, – сказал Никита.

ВОПРО́СЫ

1. Как мо́жно бы́ло отличи́ть доро́гу?
2. Почему́ Васи́лий Андре́ич горди́лся свое́ю ло́шадью?
3. Над кем шути́л Васи́лий Андре́ич?
4. Что предложи́л Васи́лий Андре́ич Ники́те?
5. Чем Ники́та закры́л у́ши и лицо́?
6. Како́й доро́гой хоте́л е́хать Васи́лий Андре́ич?
7. Чем Ники́та иска́л доро́гу?
8. Что уви́дел Васи́лий Андре́ич впереди́?
9. Куда́ они́ попа́ли?
10. Почему́ ло́шадь споткну́лась?
11. Кто помо́г ло́шади?
12. Нашли́ они́ лес?
13. Что висе́ло на верёвке?

ГЛАВА́ ТРЕ́ТЬЯ

В нача́ле у́лицы ещё бы́ло ве́трено, и на доро́ге лежа́ло мно́го сне́гу, но в середи́не дере́вни ста́ло ти́хо, тепло́ и ве́село. У одного́ двора́ ла́яла соба́ка. Из середи́ны дере́вни слы́шны бы́ли пе́сни.

— А ведь э́то Гри́шкино, — сказа́л Васи́лий Андре́ич.

— Так и есть, — отвеча́л Ники́та.

И действи́тельно, э́то бы́ло Гри́шкино. Выходи́ло так, что они́ е́хали нале́во и прое́хали вёрст во́семь не в том направле́нии, кото́рое им ну́жно бы́ло.

В середи́не дере́вни они́ встре́тили высо́кого челове́ка.

— Кто е́дет? — кри́кнул э́тот челове́к, остана́вливая ло́шадь, и, то́тчас он узна́л Васи́лия Андре́ича, подошёл к саня́м и сел.

Э́то был знако́мый Васи́лию Андре́ичу мужи́к Иса́й, изве́стный вор лошаде́й.

— А! Васи́лий Андре́ич! Куда́ же э́то вы? — сказа́л Иса́й. От него́ па́хло во́дкой.

— Да мы в Горя́чкино е́хали.

— Вот куда́ зае́хали! Вам бы на Мала́хово на́до.

— Ма́ло, что на́до, да не попа́ли, — сказа́л Васи́лий Андре́ич.

— Ло́шадь-то до́брая, — сказа́л Иса́й, огля́дывая ло́шадь и попра́вил во́жжи.

— Что же, ночева́ть, что ли?

— Нет, брат, обяза́тельно е́хать на́до.

— А вот, душа́ ми́лая, как бы нам опя́ть не потеря́ть доро́ги, — отвеча́л Ники́та.

— Ну не потеря́ете! Повора́чивай наза́д, по у́лице пря́мо, а там, как вы́едешь, всё пря́мо. Нале́во не бери́.

Василий Андреич повернул лошадь назад и поехал.
- А то ночевали бы - крикнул им сзади Исай.
Но Василий Андреич не отвечал ему и поехал дальше. Пять вёрст ровной дороги, из которых две были лесом, казалось, легко проехать, тем более что ветер как будто затих и снег переставал.

Проехав опять улицей по хорошей дороге мимо двора, где висело бельё, они опять попали в открытое поле. Метель стала не тише, а сильнее. Дорога была вся в снегу, и вешки впереди трудно было рассматривать, потому что ветер был встречный.

Василий Андреич разглядывал вешки, но больше надеялся на лошадь. И лошадь действительно не теряла дороги. Она поворачивала то направо, то налево по неровной дороге, которую она чувствовала под ногами. Несмотря на снег и сильный ветер, вешки можно было видеть то справа, то слева.

Так проехали они минут десять, как вдруг прямо перед лошадью показалось что-то чёрное. Это были тоже сани, и оттуда кто-то кричал, чтобы Василий Андреич проезжал мимо этих саней. Он увидел, что в санях сидели три мужика и баба. Очевидно, это ехали гости с праздника.
- Кто вы? - закричал Василий Андреич.
- Мы а-а-а... ские! - только слышно было.
- Кто, говорю?
- А-а-аские! - изо всех сил кричал один из мужиков, но всё-таки нельзя было понять кто.
- Не отставай! Гони! - кричал другой мужик и бил кнутом по усталой лошади.

Сани стукнулись друг о друга, и сани мужиков стали отставать. Их лошадь из последних сил старалась убежать от ударов кнута. Несколько

секунд она бежала около плеча Никиты, потом стала отставать.

– Вино-то что делает, сказал Никита. – Как замучили бедную лошадь. Какие азиаты!*

Несколько минут слышны были крики пьяных мужиков. Потом опять ничего не стало слышно, кроме свистящего около ушей ветра и слабого скрипа полозьев.

От этой встречи Василий Андреич стал весёлым и смелым. Он больше не искал вешек, погнал лошадь, надеясь на неё.

Никита сидел и дремал. Вдруг лошадь остановилась, и Никита чуть не упал с саней.

---

* Азия: одна из частей света. Азиат: человек, живущий в Азии

– А ведь мы опять неправильно едем, – сказал Василий Андреич.
– А что?
– Да вешек не видать. Наверно, опять сошли с пути.
– А если потеряли дорогу, – поискать надо, – коротко сказал Никита, встал и опять пошёл ходить по снегу.

Он долго ходил, и, наконец, вернулся.
– Нет тут дороги, может быть, впереди где, – сказал он, и сел в сани.

Начинало уже заметно темнеть. Метель не слабела.
– Куда же теперь ехать? – сказал Василий Андреич.
– А пустить лошадь надо, сказал Никита. – Она сама приведёт. Дай мне вожжи.

Василий Андреич охотно отдал вожжи, потому что руки его начинали замерзать.

Ветер стал дуть им в спину, стало теплее.
– Ах, какая умная лошадь, – радовался Никита. – Она издали чувствует дорогу.

И не прошло и получаса, как впереди показалось что-то чёрное: лес или деревня, и с правой стороны показались опять вешки. Очевидно, они опять выехали на дорогу.
– А ведь это опять Гришкино, – вдруг сказал Никита.

Действительно, теперь слева у них была та же верёвка с бельём.

Опять они ехали по улице, опять стало тихо, тепло. Опять были слышны голоса, песни, опять лаяла собака. Уже немного стемнело, и в некоторых окнах засветились огни.

Василий Андреич повернул лошадь к дому и остановил её у крыльца.

Никита подошёл к окну и постучал кнутом.
– Кто там? – спросил кто-то на стук Никиты.

– Мы с Крестов, Брехуновы, милый человек, – отвечал Никита.

От окна отошли, и через минуты две вышел старый с белой бородой мужик и за ним парень в кожаных сапогах.

– Неужели, ты, Андреич? – сказал старик.

– Да вот дорогу потеряли, брат, – сказал Василий Андреич. Мы хотели в Горячкино, да вот к вам попали.

– Видишь, как получилось! – сказал старик. – Петрушка, иди открой ворота! – обратиться он к парню.

– Это можно, – отвечал парень весёлым голосом и побежал в сени.

– Да мы, брат, не останемся тут на ночь, – сказал Василий Андреич.

– Куда ехать – ночное время, оставайся!

– Я рад бы ночевать, да ехать надо. Дела, брат, нельзя.

– Ну, погрейся по крайней мере, прямо к самовару, – сказал старик.

– Погреться – это можно, – сказал Василий Андреич, – темнее не будет, а месяц взойдёт – будет светлее. Зайдём, что ли, погреемся, Никита.

– Ну, что ж, и погреться можно, – сказал Никита, потому что он сильно замёрз и очень хотел погреться в тепле.

Василий Андреич пошёл со стариком в избу, а Никита повёл лошадь через ворота, которые открыл Петрушка, и поставил её под навес* сарая.

Никита поговорил со всеми животными, которые там находились. Он извинился перед ними и обещал

---

* навес: см.стр. 30

навес

не тревожить их. Собака с испугом лаяла на чужого, когда он привязывал лошадь.

– Вот так тебе ладно будет, – сказал он, удаляя с себя снег. – Ну, чего ты лаешь! – прибавил он на собаку. Ну, довольно, глупая, довольно, – говорил он. – Не воры же мы, а свой.

– А это, как сказано, три домашние советника,* – сказал Петрушка и толкнул сильной рукой сани под навес.

– Это как же советники? – сказал Никита.

– А так написано в книге Паульсона:* когда вор лезет к дому, собака лает – значит не спи, а смотри. Петух* поёт – значит, вставай. Кошка умывается – значит, дорогой гость придёт, – сказал парень и улыбнулся.

---

* советник: человек, который даёт совет
* Паульсон: автор книги для начальной школы

Петру́шка по́мнил всё, что бы́ло напи́сано в э́той кни́ге и люби́л, когда́ он был немно́го пьян, повторя́ть слова́ писа́теля.
- Это то́чно, - сказа́л Ники́та.
- Замёрз ты, наве́рно, дя́дя? - приба́вил Петру́шка.
- Да, немно́го замёрз, - сказа́л Ники́та, и они́ пошли́ че́рез двор и се́ни в избу́.

пету́х

ВОПРО́СЫ

1. Чем был Иса́й изве́стен?
2. Что Иса́й им посове́товал?
3. Что рассма́тривал Васи́лий Андре́ич?
4. На кого́ он наде́ялся?
5. Ско́лько вре́мени они́ прое́хали?
6. Кто был в други́х саня́х?
7. Что случи́лось с саня́ми?
8. Нашёл ли Ники́та доро́гу?
9. Почему́ Ники́та хвали́л ло́шадь?
10. Куда́ они́ опя́ть попа́ли?
11. Кто откры́л воро́та?
12. Оста́лись ли они́ на́ ночь?
13. Почему́ они́ зашли́ к старику́?
14. С кем говори́л Ники́та?
15. На кого́ ла́яла соба́ка?
16. Каки́е бы́ли сове́тники?
17. Отку́да знал Петру́шка э́тих сове́тников?

ГЛАВА ЧЕТВЁРТАЯ

Двор, в который заехал Василий Андреич, был один из самых богатых в деревне. Семье принадлежал большой участок земли. Лошадей во дворе было шесть, три коровы и много других домашних животных. Семья состояла из двадцати двух человек: четыре сына женатых, пятеро внуков, из которых один Петрушка был женатый. Это был один из редких домов, который ещё не разделили между детьми; но в нём давно уже шла ссора, которая определённо кончится тем, что дом будут делить. Дома теперь были старик, старуха, второй сын-хозяин и старший сын, который приехал из Москвы на праздник, и все бабы и дети; кроме домашних, был ещё гость-сосед.

Над столом в избе висела лампа, освещавшая стол, на котором стояла чайная посуда, бутылка с водкой и тарелки с едой. В углу висели иконы*, а на стене картины. На первом месте сидел за столом Василий Андреич и глядел на людей и избу своими острыми глазами. Кроме Василия Андреича, за столом сидел старик хозяин с белой бородой; рядом с ним сын, который приехал из Москвы на праздник, и ещё другой сын и худой рыжий мужик-сосед.

Мужики выпили водку и поели, а теперь собирались пить чай, и самовар уже гудел, стоя на полу у печки. Старуха хозяйка угощала Василия Андреича.

В то время как Никита входил в избу, она налила стакан водки и подала его гостю.

---

* икона: образ бога или святого

– Пожалуйста, Василий Андреич, выпейте, – говорила она.

Вид и запах водки, особенно теперь, когда он замёрз и устал, очень смутили Никиту. Он нахмурился и, удалив с себя снег, поздоровался со всеми. Потом стал раздеваться, но не глядел на стол.

Никита снял кафтан, повесил его к печи и подошёл к столу. Ему тоже предложили водки. Была минута борьбы: он чуть не взял стакан и не выпил водку; но он взглянул на Василия Андреича. Тогда он вспомнил про сапоги, которые он пропил, вспомнил, что обещал

самому́ себе́ не пить, вздохну́л и отказа́лся от во́дки.
– Не пью, спаси́бо, – сказа́л он, нахму́рился и сел ко второ́му окну́ на ла́вку.
– Что же так? – сказа́л ста́рший брат.
– Не пью, да и не пью, – сказа́л Ники́та.
– Ему́ нельзя́, – сказа́л Васи́лий Андре́ич и вы́пил стака́н во́дки.
– Ну что, так вы́пей ча́ю, – сказа́ла ла́сковая стару́ха. – Ты ведь, наве́рно, замёрз, бе́дный. Что вы, ба́бы, самова́р не несёте?
– Гото́в, сейча́с принесём, – отвеча́ла молода́я

хозя́йка. Она́ с трудо́м донесла́ самова́р и поста́вила его́ на стол.

Ме́жду тем Васи́лий Андре́ич расска́зывал, как они́ два ра́за возвраща́лись в ту же дере́вню, как не могли́ найти́ доро́ги, как встре́тили пья́ных. Хозя́ева удивля́лись, объясня́ли, где и почему́ они́ не могли́ найти́ доро́ги и кто́ бы́ли пья́ные, кото́рых они́ встре́тили, и учи́ли, как на́до е́хать.

— Тут до Молча́новки ма́ленький ребёнок дое́дет, — на поворо́те куст тут ви́ден. А вы не дое́хали! — говори́л сосе́д.

— А то ночева́ли бы, — угова́ривала стару́ха.

— У́тром и дое́хали бы, вот э́то де́ло, — подтвержда́л стари́к.

— Нельзя́, брат, дела́! — сказа́л Васи́лий Андре́ич. — Час потеря́ешь, за год его́ не вернёшь, — доба́вил он, вспомина́я о ро́ще и о купца́х, кото́рые мо́гут прие́хать до него́ и купи́ть ро́щу. — Дое́дем ведь? — обрати́лся он к Ники́те.

Ники́та до́лго не отвеча́л.

— Не потеря́ть бы опя́ть доро́ги, — сказа́л он мра́чно.

Ники́та был мра́чен потому́, что ему́ о́чень хоте́лось во́дки, и одно́, что могло́ погаси́ть э́то жела́ние, был чай, а ча́я ему́ ещё не предлага́ли.

— Да ведь то́лько до поворо́та бы дое́хать, а там уж найдём доро́гу; ле́сом до са́мого ме́ста, — сказа́л Васи́лий Андре́ич.

— Де́ло ва́ше, Васи́лий Андре́ич; е́хать так е́хать, — сказа́л Ники́та, принима́я стака́н ча́ю, кото́рый подала́ ему́ хозя́йка.

— Напьёмся ча́ю, да и в путь.

Ники́та ничего́ не сказа́л, но то́лько покача́л голово́й и стал осторо́жно пить чай и греть о стака́н свои, всегда грубые от работы, руки. Потом съел маленький кусочек сахару, встал и сказал:

– Будьте здоровы, – и выпил остальной чай.

– Если бы кто-нибудь проводил нас до поворота, – сказал Василий Андреич.

– Что же, это можно, – сказал старший сын. – Петрушка проводит вас до поворота. Петрушка, иди запрягай лошадь.

– Это можно, – сказал Петрушка, улыбаясь, и тотчас же взяв с полки шапку побежал запрягать лошадь.

Пока запрягали лошадь, разговор перешёл на то, на чём он остановился в то время, как Василий Андреич подъехал к окну. Старик жаловался соседу-старосте на третьего сына, который не прислал ему ничего к празднику, а жене прислал французский платок.

– Вообще молодёжь больше не слушает старших, – говорил старик.

– Не слушает, – сказал сосед. – Очень умны стали. Вот Демочкин – так отцу руку сломал. Всё от большого ума.

Никита слушал, смотрел в лица и, очевидно, желал тоже принять участие в разговоре, но он был так занят чаем и только кивал головой. Он пил стакан за стаканом, и ему стало гораздо теплее и приятнее. Разговор продолжался долго всё об одном и том же. Но это Никиту не интересовало. Дело шло о том, как вредно делить этот дом, что требовал второй сын, который тут же сидел и угрюмо молчал. Очевидно, это было больное место, и вопрос этот занимал всех домашних, но они при чужих об этом не говорили. Но, наконец, старик не выдержал и со слезами в голосе заговорил о том, что делить дом он

не даст, пока он жив. В его доме, слава богу, всем хорошо, а если разделят дом – ни у кого ничего не будет.
– Вот как Матвеевы, – сказал сосед. Был дом хороший, а теперь разделили – ни у кого ничего нет.
– Так-то и ты хочешь, – обратился он к сыну.

Сын ничего не отвечал, и наступило полное молчание. Молчание это прервал* Петрушка, который уже приготовил лошадь. Он стоял и улыбался.
– Так-то у Паульсона есть рассказ, – сказал он, – дал отец своим сыновьям прутиков* сломать. Сразу все прутики они не могли сломать, а по одному прутику – легко сломали. Так и с домом, – сказал он весело. – Готово! – прибавил он.
– А готово, так поедем, – сказал Василий Андреич. – А ты, дедушка, дом и землю не дели, ведь ты хозяин. В суд подай. Он порядок укажет.

Никита между тем выпил пятый стакан чаю и надеялся, что ему нальют ещё шестой. Но воды в самоваре уже не было, и хозяйка не налила ему ещё, да и Василий Андреич начал одеваться. Нечего было делать. Никита тоже встал и пошёл надевать кафтан.

Когда он оделся, он тяжело вздохнул и, поблагодарив хозяев, вышел из тёплой, светлой избы в тёмные, холодные сени и оттуда – на тёмный двор.

Петрушка в шубе стоял с своею лошадью во дворе и говорил стихи из Паульсона. Он говорил: «Буря с мглою небо скроить, вихри снежные крутять, аж как

---

* прервать: прекратить или временно остановить
* прутик: ветка с листьями

зверь, она́ заво́ить, аж запла́четь, как дитё».* Ники́та одобри́тельно кива́л голово́й и поправля́л во́жжи.

Стари́к, провожа́я Васи́лия Андре́ича, вы́нес фона́рь в се́ни и хоте́л посвети́ть ему́, но фона́рь то́тчас же пога́с. И на дворе́ да́же заме́тно бы́ло, что мете́ль ста́ла ещё сильне́е.

«Ну, уж при тако́й пого́де, – поду́мал Васи́лий Андре́ич, – пожа́луй, и не дое́дешь, да нельзя́, дела́! Да и собра́лся уж, и ло́шадь хозя́йская гото́ва. Дое́дем, бог даст!»

Хозя́ин-стари́к то́же ду́мал, что не на́до бы́ло е́хать, но он уже́ угова́ривал оста́ться, его́ не послу́шали. Бо́льше проси́ть не́чего. «Мо́жет, я от ста́рости так бою́сь, а они́ дое́дут, – ду́мал он. – Да и по кра́йней ме́ре спать ля́жем во́время. Без забо́т».

Петру́шка же и не ду́мал об опа́сности: он так хорошо́ знал доро́гу и всю ме́стность. Ники́те во́все не хоте́лось е́хать, но он уже́ давно́ привы́к не име́ть свое́й во́ли и служи́ть други́м, так что никто́ не удержа́л их от пое́здки.

---

* Стихотворе́ние (стих) А. С. Пу́шкина. Петру́шка его́ говори́т непра́вильным языко́м. Пра́вильно: Бу́ря мгло́ю не́бо кро́ет, Ви́хри сне́жные крутя́; То, как зверь, она́ заво́ет, То запла́чет, как дитя́. (мгла: темнота́; ви́хри: ве́тер; крутя́: кру́тится, то же са́мое как кру́жится; заво́ет: кричи́т как волк; дитя́: ребёнок)

ВОПРО́СЫ

1. В чей двор зае́хал Васи́лий Андре́ич?
2. Как мно́го люде́й бы́ло в семье́?
3. Где висе́ли ла́мпа, ико́ны и карти́ны?
4. Кто сиде́л за столо́м?
5. Что де́лала хозя́йка?
6. Предложи́ли ли Ники́те во́дки?
7. Вы́пил ли Ники́та во́дку?
8. Чему́ удивля́лись хозя́ева?
9. Почему́ Васи́лий Андре́ич не оста́лся на́ ночь?
10. На кого́ жа́ловался стари́к сосе́ду?
11. Чем был за́нят Ники́та?
12. Что тре́бовал второ́й сын?
13. Кто запряга́л ло́шадь?
14. Что рассказа́л Петру́шка?
15. Заче́м вы́нес стари́к фона́рь?
16. Чего́ боя́лся хозя́ин-стари́к?
17. Ду́мал Петру́шка об опа́сности?
18. К чему́ привы́к Ники́та?

ГЛАВА́ ПЯ́ТАЯ

Васи́лий Андре́ич подошёл к саня́м. В темноте́ с трудо́м он их нашёл, влез и взял во́жжи.
– Пошёл впереди́! – кри́кнул он.
Петру́шка, сто́я на коле́нях, пусти́л свою́ ло́шадь. Жеребе́ц чу́вствовал впереди́ себя́ ло́шадь, побежа́л за не́ю, и они́ вы́ехали на у́лицу. Они́ пое́хали че́рез посёлок и той же доро́гой, ми́мо того́ же двора́ с бельём, кото́рого тепе́рь уже́ не ви́дно бы́ло; ми́мо того́ же сара́я, кото́рый был покры́т сне́гом почти́ до кры́ши и с кото́рого па́дал бесконе́чный снег. Ве́тер был так си́лен, что он наклоня́л са́ни на́ бок и ло́шадь в сто́рону. Петру́шка е́хал на свое́й до́брой ло́шади впереди́ и иногда́ ве́село на неё крича́л. Жеребе́ц Васи́лия Андре́ича стара́лся догна́ть её.

Прое́хав так мину́т де́сять, Петру́шка оберну́лся и что́-то сказа́л. Ни Васи́лий Андре́ич, ни Ники́та не слы́шали от ве́тра, но догада́лись, что они́ прие́хали к поворо́ту. Действи́тельно, Петру́шка поверну́л напра́во, и ве́тер, кото́рый ра́ньше дул со стороны́, опя́ть стал дуть им навстре́чу, и спра́ва, че́рез снег, опя́ть ви́дно бы́ло что́-то чёрное. Э́то был куст на поворо́те.
– Ну, с бо́гом!
– Спаси́бо, Петру́шка!
– Бу́ря не́бо мгло́ю скро́ить, – кри́кнул Петру́шка и исче́з.
– Поэ́т, смотри́ како́й, – сказа́л Васи́лий Андре́ич и тро́нул вожжа́ми.
– Да, молоде́ц хоро́ший, мужи́к настоя́щий, – сказа́л Ники́та.
– Пое́хали да́льше.

Никита, прижав голову к плечам, так что небольшая борода его легла ему на шею, сидел молча, стараясь не потерять набранное в избе за чаем тепло. Перед собою он видел прямые линии оглобель,* которые казались ему ровной дорогой, заднюю часть лошади и дальше, впереди, высокую дугу* и голову и шею лошади. Иногда ему попадались в глаза вешки, так, что он знал, что ехали пока по дороге, и ему делать было нечего.

Василий Андреич вёл вожжами, давая лошади самой держаться дороги. Но жеребцу, несмотря на то, что он отдохнул в деревне, бежать не было охоты и как будто поворачивал с дороги, так что Василий Андреич несколько раз поправлял его.

«Вот справа одна вешка, вот другая, вот и третья, – считал Василий Андреич, – а вот впереди и лес», –

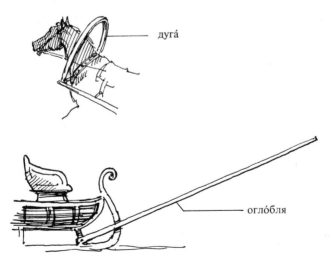

подумал он, взглядывая во что-то чёрное впереди его. Но то, что показалось ему лесом, был только куст. Куст проехали, проехали ещё сажен* двадцать, – четвёртой вешки не было, и леса не было. «Должен сейчас быть лес», – думал Василий Андреич и, взволнованный вином и чаем, не останавливался. Он двигал вожжами, и доброе животное слушалось и бежало туда, куда его посылали, хотя и знало, что его посылают совсем не туда, куда надо. Прошло минут десять, леса всё не было.

– А ведь мы опять потеряли дорогу, – сказал Василий Андреич и остановил лошадь.

Никита молча вылез из саней и пошёл по снегу; пошёл в одну сторону, пошёл в другую. Раза три он скрывался совсем из вида. Наконец он вернулся и взял вожжи из рук Василия Андреича.

– Направо ехать надо, – сказал он строго и решительно повернул лошадь.

– Ну, направо, так направо пошёл, – сказал Василий Андреич, отдал вожжи и засунул замёрзшие руки в рукава.

Никита не отвечал.

– Ну, друг, потрудись! – крикнул он на лошадь; но лошадь шла только шагом.

Снег был кое-где по колено, и сани прыгали с каждым движением лошади.

Никита достал кнут и ударил им лошадь. Добрая непривычная к кнуту лошадь пошла скорее, но тотчас же опять перешла на шаг. Так проехали минут пять. Было так темно, так кружился снег сверху и снизу, что дуги иногда не было видно. Сани, казалось

---

* сажень: русская мера длины = 2.13 м

иногда, стояли на месте, и поле бежало назад. Вдруг лошадь круто остановилась, очевидно она почувствовала что-то недоброе перед собой. Никита опять легко выскочил, бросил вожжи и пошёл перед лошадью, чтобы посмотреть, почему она остановилась; но только что он хотел ступить шаг перед лошадью, как он споткнулся и упал куда-то вниз.

– Стой, стой, стой, – говорил он себе. Он старался остановиться, но не мог удержаться и остановился, только когда он упал в глубокий снег, который лез ему за воротник.

– Вот ты какой! – говорил Никита и удалял снег из-за воротника.

– Никита, а Никита! – кричал Василий Андреич.

Но Никита не отвечал.

Ему некогда было: он удалил снег с себя, потом искал кнут, который он потерял, когда он падал вниз. Когда он нашёл кнут, он полез наверх, но падал опять вниз. Влезть наверх не было возможности; он падал опять и опять вниз, так что он должен был остаться внизу и искать выхода наверх. С трудом он влез на гору и пошёл по краю к тому месту, где должна была быть лошадь. Лошади и саней он не видал; но так как он шёл на ветер, он, прежде чем увидал их, услышал крики Василия Андреича и жеребца.

– Иду, иду, чего кричишь! – сказал он.

Только, когда он подошёл к саням, он увидал лошадь и Василия Андреича.

– Куда, к чёрту, ты пропал? Назад ехать надо. Хоть в Гришкино вернёмся, – сердито говорил Никите хозяин.

– И рад бы вернуться, Василий Андреич, да куда

ехать-то? Тут овра́г* тако́й, что попадём туда́ – и не смо́жем вы́йти. Я отту́да едва́ вы́лез.

– Что же, не стоя́ть же тут? Куда́-нибудь на́до же е́хать, – сказа́л Васи́лий Андре́ич.

Ники́та ничего́ не отвеча́л. Он сел на са́ни спино́й к ве́тру, вы́тряс снег из сапо́г, доста́л немно́го соло́мы и су́нул её в ды́ру в ле́вом сапоге́.

Васи́лий Андре́ич молча́л, как бы тепе́рь он переда́л уже́ всё Ники́те. Ники́та по́днял но́ги в са́ни, наде́л опя́ть рукави́цы,* взял во́жжи и поверну́л ло́шадь вдоль овра́га. Но не прое́хали они́ и ста шаго́в, как ло́шадь опя́ть останови́лась. Пе́ред ней опя́ть был овра́г.

Ники́та опя́ть вы́лез из сане́й и опя́ть пошёл по снегу́. Дово́льно до́лго он ходи́л. Наконе́ц он появи́лся с друго́й стороны́.

– Андре́ич, жив? – кри́кнул он.

– Здесь! – отве́тил Васи́лий Андре́ич. – Ну, что?

– Да не пойму́ ника́к. Темно́. Овра́ги каки́е-то. На́до опя́ть на ве́тер е́хать.

Опя́ть пое́хали, опя́ть ходи́л Ники́та по снегу́. Опя́ть сади́лся, опя́ть ходи́л и, наконе́ц, тяжело́ дыша́, останови́лся у сане́й.

– Ну, что? – спроси́л Васи́лий Андре́ич.

– Да что, уста́л я, сил бо́льше нет! Да и ло́шадь остана́вливается.

– Так что же де́лать?

– Да вот, посто́й.

Ники́та опя́ть ушёл и ско́ро верну́лся.

– Иди́ за мной, – сказа́л он и пошёл пе́ред ло́шадью.

---

* овра́г: глубо́кое ме́сто земли́
* рукави́ца: перча́тка то́лько с одни́м па́льцем

Василий Андреич уже не приказывал ничего, а послушно делал то, что говорил Никита.

— Сюда, за мной! — закричал Никита. Он взял за вожжи лошадь и направил её куда-то вниз в кучу снега.

Лошадь сначала не трогалась с места, но потом попробовала перейти кучу снега, но не смогла и села в снег до шеи.

— Вылезай! — закричал Никита на Василия Андреича, который продолжал сидеть в санях. Потом он взял одну оглоблю и начал толкать сани на лошадь. — Трудно, брат, — обратился он к жеребцу, — да что делать, постарайся! Но, но, ещё немного! — крикнул он.

Лошадь двинулась раз, другой, но всё-таки не могла пройти через снежную кучу и опять села, как будто о чём-то думала.

— Что же, брат, так не хорошо. Стыдно тебе! — говорил Никита жеребцу. — Ну, ещё попробуй!

Опять Никита потащил за оглоблю со своей стороны; Василий Андреич делал то же с другой стороны. Лошадь пошевелила головой, потом вдруг начала тянуть.

— Но! но! не потонешь ведь! — кричал Никита.

Наконец лошадь прыгнула несколько раз и выехала из кучи снега, остановилась, тяжело дыша и трясла снег с себя. Никита хотел вести дальше, но Василий Андреич так устал в своих двух шубах, что не мог идти дальше и лёг в сани.

— Дай мне отдохнуть, — сказал он, снимая платок, которым он завязал в деревне воротник шубы.

— Тут ничего, ты лежи, — сказал Никита, — я проведу, — и с Василием Андреичем в санях провёл лошадь вниз шагов десять и потом немного вверх и остановился.

Место, на котором остановился Никита, было не в долине, где снег падал со всех сторон и мог покрыть всё. Но всё-таки тут край оврага мог защитить их от ветра. Были минуты, когда ветер как будто затихал, но тотчас опять начинал дуть гораздо сильнее и ещё злее. Такой ветер ударил в ту минуту, как Василий Андреич вылез из саней и подошёл к Никите, чтобы поговорить о том, что им делать. Оба невольно наклонились и подождали говорить, пока пройдёт эта злая буря. Жеребец тоже недовольно прижимал уши и тряс головой. Как только ветер немного успокоился, Никита снял рукавицы, подышал на руки и начал снимать дугу с жеребца.

— Ты что ж это делаешь? — спросил Василий Андреич.

— Снимаю всё с лошади, что ж ещё делать? Сил у меня больше нет, — как бы извиняясь, отвечал Никита.

— А разве не выедем куда?

— Не выедем, только лошадь замучим. Ведь она, бедная, совсем без сил, — сказал Никита, показав на лошадь, которая тихо стояла, на всё готовая.

— Ночевать надо тут, — сказал он, как будто соби-

ра́лся оста́ться на́ ночь в гости́нице, и на́чал снима́ть во́жжи с ло́шади.
- А не замёрзнем мы? - сказа́л Васи́лий Андре́ич.
- Что ж? Замёрзнем - так замёрзнем, - сказа́лНики́та.

ВОПРО́СЫ

1. Как стоя́л Петру́шка?
2. Отку́да па́дал снег?
3. Как дул ве́тер?
4. Что Петру́шка им сказа́л?
5. Что Ники́та ви́дел пе́ред собо́ю?
6. Почему́ поправля́л Васи́лий Андре́ич жеребца́?
7. Ско́лько ве́шек он ви́дел?
8. Почему́ Васи́лий Андре́ич останови́л ло́шадь?
9. Куда́ пошёл Ники́та?
10. Привы́кла ли ло́шадь к кнуту́?
11. Почему́ останови́лась ло́шадь?
12. Что случи́лось с Ники́той?
13. Почему́ ло́шадь опя́ть останови́лась?
14. Кто уста́л?
15. Кто сел в снег?
16. Как помога́ли ло́шади?
17. Отку́да снял Васи́лий Андре́ич плато́к?
18. Где они́ проведу́т ночь?

ГЛАВА́ ШЕСТА́Я

Васи́лию Андре́ичу в свои́х двух шу́бах бы́ло совсе́м тепло́, но моро́з побежа́л у него́ по спине́, когда́ он по́нял, что действи́тельно на́до ночева́ть здесь. Что́бы успоко́иться, он сел в са́ни и на́чал достава́ть папиро́сы и спи́чки.

Ники́та ме́жду тем освободи́л ло́шадь от огло́бель, вожже́й и дуги́, и не переста́вал разгова́ривать с не́ю.

– Ну, выходи́, выходи́, – говори́л он и вы́вел её из огло́бель. – Да вот привя́жем тебя́ тут. Соло́мы положу́, – говори́л он, де́лая то, что говори́л. – Пое́шь, тогда́ тебе́ веселе́е бу́дет.

Но жеребе́ц, очеви́дно, не успока́ивался реча́ми Ники́ты и был трево́жен; он прижима́лся к саня́м и к Ники́те, и отвора́чивался от ве́тра.

Как бу́дто то́лько для того́, что́бы не отказа́ть Ники́те в его́ угоще́нии соло́мой, жеребе́ц раз схвати́л соло́му из сане́й, но то́тчас же реши́л, что тепе́рь де́ло не до соло́мы. Он бро́сил её, и ве́тер в мину́ту по́днял соло́му, и она́ пропа́ла в снегу́.

– Тепе́рь сигна́л о по́мощи сде́лаем, – сказа́л Ники́та и поверну́л са́ни лицо́м к ве́тру. Он взял огло́бли и по́днял их вверх. – Вот, когда́ снег нас покро́ет, до́брые лю́ди по огло́блям уви́дят и спасу́т нас, – сказа́л Ники́та. – Та́к-то старики́ учи́ли.

Васи́лий Андре́ич ме́жду тем, закрыва́лся конца́ми шу́бы, про́бовал заже́чь одну́ спи́чку за друго́й, но ру́ки у него́ дрожа́ли. В ту са́мую мину́ту, как он подноси́л её к папиро́се, ве́тер гаси́л её. Наконе́ц одна́ спи́чка вся загоре́лась и освети́ла мех его́ шу́бы, его́

ру́ку с золоты́м кольцо́м, и папиро́са загоре́лась. Ра́за два он жа́дно потяну́л и вы́пустил сквозь усы́ дым, хоте́л ещё затяну́ться, но таба́к с огнём упа́л в снег.

От э́той папиро́сы Васи́лий Андре́ич стал веселе́е.
– Ночева́ть, так ночева́ть! – сказа́л он реши́тельно.
– Подожди́ ты, я ещё флаг сде́лаю, – сказа́л он и взял плато́к, кото́рый снял с воротника́. Пото́м он снял перча́тки, встал на са́ни и привяза́л плато́к на огло́блю.

Плато́к то́тчас же отча́янно на́чал хло́пать по огло́бле.
– Ви́дишь, как ло́вко, – сказа́л Васи́лий Андре́ич и стал любова́ться на свою́ рабо́ту. – Тепле́е бы́ло бы вме́сте, да вдвоём бу́дет те́сно, – сказа́л он.

- Я ме́сто найду́, - отвеча́л Ники́та, - то́лько ло́шадь накры́ть на́до. Встань-ка, - приба́вил он и, подойдя́ к саня́м, вы́тащил из-под Васи́лия Андре́ича мешо́к и покры́л им жеребца́.
- Всё тепле́е тебе́ бу́дет, глу́пый, - говори́л он. - А не ну́жен вам э́тот мешо́к бу́дет? Да соло́мы мне да́йте, - сказа́л Ники́та, око́нчив э́то де́ло и опя́ть подойдя́ к саня́м.

И, взяв и то и друго́е из-под Васи́лия Андре́ича, Ники́та зашёл за спи́ну сане́й, сде́лал себе́ там, в снегу́, ме́сто, положи́л туда́ соло́мы, наде́л свою́ ша́пку и сел к за́дней ча́сти сане́й, кото́рая защища́ла его́ от ве́тра и сне́га.

Васи́лий Андре́ич не одобря́л того́, что де́лал Ники́та, как он вообще́ не одобря́л де́йствия глу́пых и необразо́ванных мужико́в.

Он попра́вил соло́му в саня́х, засу́нул ру́ки в рукава́, положи́л го́лову в у́гол сане́й и устро́ился на́ ночь.

Спать ему́ не хоте́лось. Он лежа́л и ду́мал: ду́мал всё о том же одно́м, что составля́ло еди́нственную цель, смысл, ра́дость и го́рдость его́ жи́зни. Он ду́мал о том, ско́лько де́нег он собра́л и мо́жет ещё собра́ть; ско́лько други́е, ему́ неизве́стные лю́ди, собра́ли и име́ют де́нег, и как э́ти други́е получи́ли и получа́ют де́ньги. Поку́пка Горя́чкинского ле́са составля́ла для него́ де́ло огро́мной ва́жности. Он наде́ялся на э́тот лес, кото́рый, мо́жет быть, даст ему́ де́сять ты́сяч, и́ли ещё бо́льше. И он на́чал в мы́слях определя́ть це́ну ро́щи, в кото́рой он сосчита́л почти́ все дере́вья.

«Дуб на поло́зья пойдёт. Остально́е на дрова́». Он в мы́слях ви́дел, что цена́ э́тому бу́дет за двена́дцать ты́сяч. «Десяти́ ты́сяч я всё-таки не дам, а ты́сяч во́семь дам. И за во́семь отда́ст. Сейча́с три ты́сячи в ру́ки дам. Обра́дуется, – ду́мал он. Он стал тро́гать рука́ми де́ньги в карма́не. – И как э́то мы не нашли́ доро́ги с поворо́та, бог э́то зна́ет! До́лжен бы тут быть лес. Соба́к бы слы́шно. Так не ла́ют, прокля́тые, когда́ их ну́жно». Он о́тнял воротни́к от у́ха и стал прислу́шиваться; слы́шен был всё тот же свист ве́тра. Он закры́лся опя́ть.

«Е́сли бы знал, что так случи́тся, оста́лся бы на́ ночь в дере́вне. Ну, да всё равно́, дое́дем и за́втра. В таку́ю пого́ду и купцы́ не пое́дут». И он вспо́мнил, что девя́того числа́ ему́ на́до бы́ло получи́ть де́ньги за мя́со, кото́рое он прода́л мясниќу.* «Мясни́к сам хоте́л прие́хать; не найдёт меня́ до́ма – жена́ не суме́ет де́ньги приня́ть. О́чень уж необразо́ванна она́. Обходи́ться с людьми́ по-настоя́щему не уме́ет», – продолжа́л он ду́мать. Вспо́мнил, как она́ не уме́ла обойти́сь с нача́льником поли́ции, кото́рый был вчера́ на пра́зднике у него́ в гостя́х. «Что мо́жно ожида́ть от же́нщины! Что она́ вида́ла? Чему́ научи́лась? Что за дом был у нас при роди́телях? Так себе́. Оте́ц был бога́тый дереве́нский мужи́к. А я что в пятна́дцать лет сде́лал? Ла́вка, два кабака́, два име́ния, дом под желе́зной кры́шей, – вспомина́л он с го́рдостью. – У меня́ не то, как бы́ло при роди́телях! Ны́нче кто са́мый изве́стный? Брехуно́в.

А почему́ так? Потому́ – де́ло по́мню, стара́юсь, не так, как други́е – лежа́т и́ли глу́постями занима́ются. А я но́чи не сплю. Мете́ль не мете́ль – е́ду. Ну и де́ло де́лается. Они́ ду́мают, что де́ньги са́ми прихо́дят. Нет, ты потруди́сь и голово́й порабо́тай. Вот попро́-

---

* мясни́к: челове́к, кото́рый продаёт мя́со

буй посиди́ в по́ле и всю ночь не спи, – ду́мал он с го́рдостью. – Вон, Миро́новы с миллио́нами тепе́рь сидя́т. А почему́? Он труди́лся. Кто тру́дится, тому́ бог и даст. То́лько бы дал бог здоро́вья».

И мысль о том, что и у него́ мо́гут быть миллио́ны, как у Миро́нова, кото́рый взя́лся с ничего́, так взволнова́ла Васи́лия Андре́ича, что он почу́вствовал жела́ние поговори́ть с ке́м-нибудь. Но говори́ть не с кем бы́ло… Если бы дое́хать до Горя́чкина, он бы поговори́л с поме́щиком, тогда́ бы он показа́л ему́, кто тако́й Брехуно́в.

«Смотри́ ты, ду́ет как! Покро́ет нас сне́гом так, что не вы́лезем у́тром!» – поду́мал он, прислу́шиваясь к ве́тру. Он по́днял го́лову и огляну́лся: в темноте́ видна́ была́ то́лько голова́ жеребца́ и его́ спина́; круго́м же со всех сторо́н лежа́ла темнота́.

«И напра́сно послу́шал я Ники́ту, – ду́мал он. – Ехать бы на́до, всё-таки вы́ехали бы куда́-нибудь. Хоть наза́д бы дое́хали в Гри́шкино, ночева́ли бы у Тара́са. А то вот сиди́ ночь це́лую. Да о чём э́то я ду́мал. Да о том, что за труды́ бог даёт не лени́вым и дурака́м, а тем, кто тру́дится. Да хорошо́ бы тепе́рь покури́ть!» Он сел, доста́л папиро́сы, лёг на́ бок, закрыва́я концо́м шу́бы от ве́тра ого́нь, но ве́тер находи́л ход и гаси́л спи́чки одну́ за друго́й. Наконе́ц, ему́ удало́сь заже́чь одну́ и закури́л. То, что он доби́лся своего́, о́чень обра́довало его́. Хотя́ папиро́су кури́л бо́льше ве́тер, чем он, ему́ всё-таки ста́ло веселе́е. Он опя́ть лёг к за́дней ча́сти сане́й, по́днял воротни́к и опя́ть на́чал вспомина́ть, мечта́ть и соверше́нно неожи́данно вдруг потеря́л созна́ние и задрема́л.

Но вдруг то́чно что́-то толкну́ло и разбуди́ло его́.

Жеребец ли это тянул из-под него солому, или это внутри его что-то дрогнуло – только он проснулся, и сердце у него стало стучать так быстро и так сильно, что ему показалось, что сани трясутся под ним. Он открыл глаза. Вокруг него было всё то же, но только казалось светлее. «Стало светлее, – подумал он, – наверно, и до утра недолго». Но тотчас же он вспомнил, что светлее стало только потому, что месяц взошёл. Он поглядел на жеребца, тот стоял и весь трясся. Василий Андреич поднялся и заглянул за заднюю часть саней. Никита сидел в том же положении, в каком он сел. Мешок, которым он был закрыт, и ноги его были покрыты снегом. «Не замёрз бы мужик; плоха одежда на нём. Ещё буду виноват. Ведь народ глупый, необразованный», – подумал Василий Андреич и хотел было снять с лошади другой мешок и накрыть Никиту, но холодно было вставать, и лошадь, боялся он, как бы не замёрзла. «И на что я его взял? Всё её глупость одна!» – подумал Василий Андреич, вспоминая немилую жену, и опять лёг на своё прежнее место. «Так-то дядя раз всю ночь в снегу сидел, – вспомнил он, – и ничего. Ну, а Севастьяна-то тоже нашли в снегу, – тут же вспомнил он другой случай, – только Севастьян умер.

Остался бы в Гришкином ночевать, ничего бы не было». И, старательно прижав теснее шубу, так чтобы тепло меха нигде не пропало, закрыл глаза и постарался опять заснуть. Но сколько он ни старался теперь, он не мог заснуть. Опять он начал считать деньги, долги, опять стал радоваться на себя и на своё положение, – но всё теперь постоянно рвалось страхом и мыслью о том, зачем он не остался ночевать в Гришкином. «Как было бы хорошо: лежал бы теперь в тепле». Он старался найти более удобное положение, куда не дул бы ветер, но всё ему казалось неудобным; он опять менял положение, закрывал глаза и затихал. Но или ноги в крепких сапогах начинали мёрзнуть*, или дуло где-нибудь, и он, полежав недолго, опять вспоминал о том, как бы он теперь мог спокойно лежать в тёплой избе в Гришкином.

Раз Василию Андреичу показалось, что он слышит дальний крик петухов. Он обрадовался, отвернул шубу и стал напряжённо слушать, но сколько он ни слушал, ничего не слышно было, кроме звука ветра и ударов платка об оглоблю.

Никита как сел с вечера, так и сидел всё время. Он не шевелился и даже не отвечал на обращения Василия Андреича, который раза два звал его. «Ему и горя мало, спит, наверно», - с обидой думал Василий Андреич и поглядел через спину саней на покрытого снегом Никиту.

Василий Андреич вставал и ложился раз двадцать. Ему казалось, что конца не будет этой ночи. «Теперь уже, должно быть, близко к утру, - подумал он. - Дай посмотрю на часы. Холодно открыть шубу. Ну, а если узнаю, что скоро утро, всё веселее будет». Василий Андреич в глубине души знал, что не может быть ещё утро. Он всё сильнее и сильнее начинал бояться и хотел в одно и то же время и проверить и обмануть себя. Он осторожно открыл шубу, засунул руку в карман, вытащил свои серебряные часы и стал смотреть. Без огня ничего не видно было. Он опять лёг, так же, как когда он хотел закурить, достал спички

---

* мёрзнуть: замерзать

и стал зажигать. Теперь он аккуратнее взялся за дело, и он с первого раза зажёг её. Он поднёс часы к свету, взглянул на них и глазам своим не верил... Было всего десять минут первого. Ещё вся ночь была впереди.

«Ох, длинная ночь!» – подумал Василий Андреич, чувствуя, как мороз пробежал ему по спине. Он прижался к углу саней и собрался терпеливо ждать. Вдруг из-за шума ветра он ясно услышал какой-то новый, живой звук. Звук делался сильнее и сильнее, но потом постепенно стал слабеть. Не было никакого сомнения, что это был волк. И волк этот был так недалеко, что по ветру ясно было слышно, как он выл* и изменял звуки своего голоса. Василий Андреич отвернул воротник и внимательно слушал. Жеребец тоже напряжённо слушал, шевеля ушами. После этого Василий Андреич уж никак не мог не только заснуть, но и успокоиться. Сколько он ни старался думать о своих делах и о своей славе и своём положении, страх всё больше и больше овладевал им, и он опять пожалел, что не остался ночевать в Гришкине.

«Ну, и без леса работы достаточно. Эх, спать бы! – говорил он себе. – Говорят, пьяные-то замерзают, – подумал он. – А я выпил». И он чувствовал, что начинал дрожать, сам не зная, от чего он дрожит – от холода или от страха. Он пробовал закрыться и лежать, как прежде, но уже не мог этого сделать. Он не мог оставаться на месте, ему хотелось встать и начать делать что-нибудь, чтобы победить тот страх, против которого он чувствовал себя бессильным. Он опять достал папиросы и спички, но спичек уже

---

* выть: кричать как волк

оставалось только три, и все плохие. Ни одна из них не загорелась.

«А, чёрт тебя возьми, проклятая!» – обругал он сам не зная кого и выбросил папиросу. На него нашла такая тревога, что он не мог больше оставаться на месте. Он вылез из саней и стал поправлять на себе шубу.

«Что лежать-то, смерти ждать! Сесть верхом – да и в дорогу, – вдруг пришло ему в голову. – Верхом лошадь не станет. Ему, – подумал он на Никиту, – всё равно умирать! Какая его жизнь! Ему и жизни не жалко, а мне, слава богу, есть чем пожить . . .».

Он взял лошадь и хотел вскочить на неё, но шубы и сапоги были так тяжелы, что он чуть не упал. Тогда он встал на сани и хотел с саней сесть на лошадь. Но сани качнулись, и он опять упал. Наконец в третий раз он подвинул лошадь к саням и, осторожно став на край их, сел на спину лошади. Резкое движение саней разбудило Никиту, и он поднял голову, и Василию Андреичу показалось, что он говорит что-то.

– Надо быть дураком, чтобы слушать вас! Что ж, пропадать так, ни за что? – крикнул Василий Андреич и, поправляя концы шубы, повернул лошадь и погнал её по тому направлению, в котором он думал, что должен быть лес.

ВОПРОСЫ

1. Почему́ Васи́лию Андре́ичу не́ было хо́лодно?
2. С кем говори́л Ники́та?
3. Почему́ Васи́лию Андре́ичу ста́ло веселе́е?
4. Как сде́лал Васи́лий Андре́ич флаг?
5. Что взял Ники́та из-под Васи́лия Андре́ича?
6. Куда́ сел Ники́та?
7. Слы́шал Васи́лий Андре́ич лай соба́к?
8. Что ду́мал Васи́лий Андре́ич о свое́й жене́?
9. Чем горди́лся Васи́лий Андре́ич?
10. К чему́ прислу́шивался Васи́лий Андре́ич?
11. Что ду́мал Васи́лий Андре́ич о бо́ге?
12. На что ра́довался Васи́лий Андре́ич?
13. Чьи кри́ки послы́шались Васи́лию Андре́ичу?
14. Что э́то за но́вые зву́ки услы́шал Васи́лий Андре́ич?
15. О чём сожале́л Васи́лий Андре́ич?
16. Как хоте́л Васи́лий Андре́ич победи́ть свой страх?
17. Что разбуди́ло Ники́ту?
18. Куда́ погна́л Васи́лий Андре́ич ло́шадь?

ГЛАВА СЕДЬМАЯ

Никита, с тех пор как сел и покрылся мешком, сидел неподвижно. Он, как и все люди, которые живут с природой и знают нужду, был терпелив. Он мог спокойно ждать часы, дни даже, и он не испытывал ни волнения, ни ненависти. Он слышал, как хозяин звал его, но не ответил, потому что не хотел шевелиться. Пока ещё ему было тепло от чая и потому, что он много ходил по снегу. Он знал, что тепло это останется ненадолго, и что двигаться он уже будет не в силах, потому что чувствовал себя усталым. Он чувствовал себя как лошадь, когда она остановится, не может, несмотря ни на какой кнут, идти дальше, пока хозяин её не накормит. Одна нога его в сапоге с дырой мёрзла, и он уже не чувствовал на ней большого пальца. И, кроме того, всему телу его становилось всё холоднее и холоднее. Мысль о том, что он может и даже, вероятно, должен умереть в эту ночь, пришла ему, но мысль эта показалась ему ни особенно неприятной, ни особенно страшной. Не особенно неприятна показалась ему эта мысль потому, что вся его жизнь не была постоянным праздником, а, напротив, была вечной службой, от которой он начинал уставать. Не особенно же страшна была эта мысль потому, что, кроме тех хозяев, как Василий Андреич, которым он служил здесь, он чувствовал, что в этой жизни он всегда зависит от главного хозяина, того, который послал его в эту жизнь. Он знал, что и умирая он останется во власти этого же хозяина, а что хозяин этот не обидит. «Жаль терять того к чему уже привык? Ну, да что же делать, и к новому привыкать надо».

«Грехи́?* – поду́мал он и вспо́мнил, как он про́пил де́ньги, обижа́л жену́, руга́лся, ма́ло в це́рковь ходи́л и о всём том, что говори́л ему́ поп. – Изве́стно, грехи́. Да что же, ра́зве я сам их на себя́ взял? Таки́м, ви́дно, меня́ бог сде́лал. Ну, и грехи́! Куда́ спря́таться?»

Так он ду́мал снача́ла о том, что мо́жет случи́ться с ним в э́ту ночь, и пото́м уже́ не возвраща́лся к э́тим мы́слям и на́чал вспомина́ть о всём том, что ему́ приходи́ло в го́лову. То он вспомина́л прие́зд Ма́рфы, то э́ту пое́здку, и Тара́сову избу́, то о своём сы́не и о жеребце́, то о хозя́ине, кото́рый скрипи́т тепе́рь саня́ми, лёжа в них. «То́же, ведь он бе́дный, сам не рад, что пое́хал, – ду́мал он. – От тако́й жи́зни умира́ть не хо́чется. Э́то де́ло друго́е, когда́ каса́ется нас мужико́в». И все э́ти воспомина́ния на́чали меша́ться в его́ голове́, и он засну́л.

Когда́ же Васи́лий Андре́ич сади́лся на ло́шадь, качну́л са́ни, и их за́дняя часть, к кото́рой прижа́лся спино́й Ники́та, поверну́лась, и его́ по́лозом уда́рило в спи́ну, он просну́лся и хоте́л измени́ть своё положе́ние. С трудо́м он подня́лся, и то́тчас же стра́шный хо́лод побежа́л по всему́ его́ те́лу. Ники́та хоте́л, что́бы Васи́лий Андре́ич оста́вил ему́ нену́жный бо́льше для ло́шади мешо́к, что́бы он мог закры́ть им свои́ но́ги, и закрича́л ему́ об э́том.

Но Васи́лий Андре́ич не останови́лся и скры́лся в сне́жной пыли́.

Ники́та оста́лся оди́н и заду́мался на мину́ту, что ему́ де́лать. Идти́ иска́ть где́-нибудь тепла́ он чу́вствовал себя́ не в си́лах. Сесть на ста́рое ме́сто уже́ нельзя́ бы́ло – оно́ бы́ло полно́ сне́га. И в саня́х, он знал, что

---

* грех: то, что де́лается про́тив ве́ры в бо́га

не согре́ется, потому́ что ему́ не́чем бы́ло покры́ться, его́ шу́ба тепе́рь совсе́м не гре́ла его́. Ему́ бы́ло так хо́лодно, как бу́дто он был в одно́й руба́шке. Ему́ ста́ло о́чень стра́шно. «Бо́же, оте́ц мой, небе́сный!*» – говори́л он, и созна́ние того́, что он не оди́н, а кто́-то слы́шит его́ и не оста́вит, успоко́ило его́. Он глубоко́ вздохну́л и, не снима́я с головы́ ста́рый мешо́к, влез в са́ни и лёг в них на ме́сто хозя́ина.

Но и в саня́х он ника́к не мог согре́ться. Снача́ла он дрожа́л, пото́м понемно́гу стал теря́ть созна́ние. Умира́л он и́ли засыпа́л – он не знал, но чу́вствовал себя́ одина́ково гото́вым на то и на друго́е.

---

* оте́ц небе́сный: бог в не́бе

ВОПРО́СЫ

1. Почему́ Ники́та был терпели́в?
2. Отчего́ Ники́те бы́ло тепло́?
3. Кака́я мысль пришла́ Ники́те?
4. О каки́х греха́х ду́мал Ники́та?
5. Отчего́ просну́лся Ники́та?
6. Что пробежа́ло по те́лу Ники́ты?
7. Чем мог бы Ники́та закры́ть но́ги?
8. Куда́ скры́лся Васи́лий Андре́ич?
9. Почему́ Ники́та не мог сесть на ста́рое ме́сто?
10. Согре́лся Ники́та в саня́х?
11. На что был гото́в Ники́та?

ГЛАВА ВОСЬМАЯ

Между тем Василий Андреич и ногами и концами вожжей гнал лошадь туда, где он почему-то думал найти лес. От снега ему ничего не было видно, у него начали течь слёзы, а ветер, казалось, хотел остановить его. Он прижался к лошади, поддерживал концы шубы, которые мешали ему сидеть, и не переставал гнать лошадь. Лошадь хотя с трудом, но послушно шла туда, куда он посылал её.

Минут пять он ехал, как ему казалось, всё прямо, ничего не видя, кроме головы лошади и белого поля, и ничего не слыша, кроме ветра, который свистел около ушей лошади и воротника его шубы.

Вдруг перед собой он увидел что-то чёрное. Сердце радостно забилось в нём, и он поехал на это чёрное, уже видя в мыслях стены домов деревни. Но чёрное это было не неподвижно, а всё шевелилось, и было не деревня, а высокое растение, которое торчало из-под снега и отчаянно качалось во все стороны от ветра. И почему-то вид этого чёрного растения заставил Василия Андреича задрожать, и он ещё скорее стал гнать лошадь, не замечая того, что, когда он подъехал к растению, он совершенно изменил прежнее направление и теперь гнал лошадь совсем уже в другую сторону. Он представлял себе, что едет в ту сторону, где должен был быть лес. Но лошадь всё поворачивала направо, и потому он всё время направлял её налево.

Опять впереди его показалось что-то чёрное. Он обрадовался, уверенный, что теперь это уже наверно деревня. Но это было опять растение. Опять так же отчаянно оно качалось от ветра и вызывало почему-то страх у Василия Андреича. Но мало того, что это было такое же растение, – рядом с ним шёл след лошади. Василий Андреич остановился, внимательно посмотрел: это был след лошади, слегка покрытый снегом. Этот след не мог быть другой, как его собственной лошади. Он, очевидно, кружился и на небольшом пространстве. «Пропаду я так!» – подумал он, но, чтобы победить страх, он ещё сильнее стал гнать лошадь и взглядывался в белую снежную мглу, в которой ему показывались какие-то точки. Они то сверкали, то опять исчезали, как только он взглядывался в них. Раз ему показалось, что он слышит, что где-то лают собаки или воют волки, но звуки эти были так слабы и неопределённы, что он не знал, слышит ли он это, или это только кажется ему. Он остановился и стал напряжённо прислушиваться.

Вдруг какой-то страшно громкий крик раздался около его ушей, и всё задрожало под ним. Василий Андреич схватился за шею лошади, но и шея лошади вся тряслась, и страшный крик стал ещё ужаснее. Несколько секунд Василий Андреич не мог прийти в себя и понять, что случилось. А случилось только то, что жеребец заржал* своим громким голосом. Он, наверно, хотел прибавить себе храбрость, или же звал он кого на помощь. «Что за чёрт! как напугал меня!» – сказал себе Василий Андреич. Он понял истинную причину страха и не мог забыть его.

«Надо успокоиться, овладеть собой», – говорил он себе и вместе с тем не мог удержаться и всё гнал лошадь, не замечая того, что он ехал теперь уже по ветру, а не против него. Всё его тело болело, ноги и руки дрожали от холода, ему было трудно дышать. Он видит, что пропадает среди этой ужасной снежной степи, и не видит никакого средства спасения.

Вдруг лошадь куда-то упала под ним и, сидя глубоко в снегу, стала дрожать и падать на бок. Василий Андреич слез с неё. Лошадь встала, сделала пару шагов, опять заржала и скрылась из вида. Василий Андреич остался один в снегу. Он побежал за нею, но снег был так глубок и шубы на нём так тяжелы, что он попадал каждой ногой в снег выше колена. Он сделал не более двадцати шагов, тяжело дыша, остановился. «Роща, лавки, кабаки, дом под

---

* ржать: кричать как лошадь

железной крышей, сын, – подумал он, – как же это всё останется? Что ж это такое? Не может быть!» – мелькнуло у него в голове. И почему-то он вспомнил то растение, мимо которого он проезжал два раза, и на него нашёл такой ужас, что он не верил в действительность того, что с ним было. Он подумал: «Не во сне ли всё это?» – и хотел проснуться, но просыпаться некуда было. Это был действительный снег, от которого было холодно его лицу и правой руке, с которой он потерял перчатку. Эта была действительная степь, та, в которой он теперь остался один, ожидая скорой смерти.

«Боже мой, святой Никола, помоги мне», – вспоминал он вчерашние молитвы* и образ святого Николы в церкви, где он продавал свечи. И он стал просить этого самого святого Николу, чтобы он спас его, обещал ему молиться* и ставить свечи. Но тут же он ясно, без сомнения, понял, что этот святой, свечи, молитвы – всё это было очень важно и нужно там, в церкви, но что здесь они ничего не могли сделать ему, что между этими свечами и молитвами и его тяжёлым положением нет и не может быть никакой связи. «Нельзя падать духом, – подумал он. – Надо идти по следам лошади, пока они не пропали под снегом, – пришло ему в голову. – Только не спешить, а то устану и пропаду». Но, несмотря на намерение идти тихо, он бросился вперёд и бежал, постоянно падая, поднимаясь и опять падая. След лошади уже становился чуть заметен в тех местах, где снег был неглубок. «Пропал я, – подумал Василий Андреич, – потеряю и

---

* молитва: слова при обращении к богу или святым
* молиться: просить помощь у бога

след, и ло́шади не догоню́». Но в ту же мину́ту он взгляну́л вперёд и уви́дел что́-то чёрное. Это был жеребе́ц и не то́лько оди́н жеребе́ц, но и са́ни и огло́бли с платко́м. Жеребе́ц стоя́л тепе́рь не на пре́жнем ме́сте, а бли́же к огло́блям и кача́л голово́й. Оказа́лось, что Васи́лий Андре́ич с ло́шадью упа́л в тот же глубо́кий снег, в кото́рый они́ упа́ли ещё с Ники́той, что ло́шадь везла́ его́ наза́д к саня́м и что он слез с неё не бо́льше пяти́десяти шаго́в от того́ ме́ста, где бы́ли са́ни.

ВОПРО́СЫ

1. Куда́ гнал Васи́лий Андре́ич ло́шадь?
2. Отчего́ у Васи́лия Андре́ича текли́ слёзы?
3. Куда́ шла ло́шадь?
4. Почему́ у Васи́лия Андре́ича би́лось ра́достно се́рдце?
5. Что торча́ло из-под снéга?
6. В како́м направле́нии е́хал Васи́лий Андре́ич?
7. Что уви́дел Васи́лий Андре́ич ря́дом с расте́нием?
8. Чем хоте́л Васи́лий Андре́ич победи́ть свой страх?
9. Отку́да шёл гро́мкий крик?
10. Почему́ заржа́л жеребе́ц?
11. Почему́ дрожа́ли но́ги и ру́ки Васи́лия Андре́ича?
12. Куда́ пропа́ла ло́шадь?
13. Отчего́ па́дал Васи́лий Андре́ич?
14. О чём ду́мал Васи́лий Андре́ич?
15. О чём проси́л Васи́лий Андре́ич свято́го Нико́лу?
16. Что уви́дел пе́ред собо́й Васи́лий Андре́ич?
17. Где стоя́л жеребе́ц?
18. Куда́ везла́ ло́шадь Васи́лия Андре́ича?

ГЛАВА́ ДЕВЯ́ТАЯ

Васи́лий Андре́ич с трудо́м добра́лся до сане́й, схвати́лся за них и до́лго стоя́л так неподви́жно. Он хоте́л успоко́иться и стара́лся ро́вно дыша́ть. На пре́жнем ме́сте Ники́ты не́ было, но в саня́х лежа́ло что-то покры́тое уже́ сне́гом, и Васи́лий Андре́ич догада́лся, что э́то был Ники́та. Страх Васи́лия Андре́ича тепе́рь соверше́нно прошёл, и е́сли он боя́лся чего́, то то́лько того́ ужа́сного состоя́ния стра́ха, кото́рый он испыта́л на ло́шади, и в осо́бенности тогда́, когда́ оди́н оста́лся в снегу́. На́до бы́ло во что бы то ни ста́ло не допусти́ть до себя́ э́тот страх, а что́бы не допусти́ть его́, на́до бы́ло де́лать что-нибудь, чем-нибудь заня́ться. И потому́ пе́рвое, что он сде́лал, бы́ло то, что он отверну́лся от ве́тра, раскры́л шу́бу. Пото́м он вы́тряхнул снег из сапо́г, из ле́вой перча́тки, пра́вую он потеря́л и, должно́ быть, она́ лежа́ла где-нибудь под сне́гом; пото́м он завяза́л тесне́е по́ясом шу́бу, как он э́то де́лал, когда́ выходи́л из ла́вки покупа́ть хлеб, кото́рый ему́ привози́ли мужики́. Пе́рвым де́лом привяза́л жеребца́ к ста́рому ме́сту. Когда́ он подошёл к саня́м, он уви́дел, что там шеве́лится что-то, и из-под сне́га подняла́сь голова́ Ники́ты. Очеви́дно, с больши́м уси́лием Ники́та сел и ка́к-то стра́нно маха́л руко́й, как бу́дто он лови́л что-то пе́ред свои́м но́сом. Он маха́л руко́й и говори́л что-то, как бу́дто он звал Васи́лия Андре́ича. Васи́лий Андре́ич подошёл к саня́м.

– Чего́ ты? – спроси́л он. – Что ты говори́шь?

– Уми-ми-мира́ю я, вот что, – с трудо́м и сла́бым го́лосом говори́л Ники́та. – Что мне принадлежи́т сы́ну отда́й и́ли ба́бе, всё равно́.

— Замёрз ты, что ли? — спросил Василий Андреич.

— Чувствую, смерть моя... прости меня, бога ради... — сказал Никита и начал плакать, и всё продолжал махать руками перед лицом.

Василий Андреич с полминуты постоял молча и неподвижно, потом вдруг отошёл шаг назад, поднял рукава шубы и обеими руками начал выбрасывать снег с Никиты и из саней. Когда он выбросил весь снег, он раскрыл свою шубу и, толкнув Никиту в сани, лёг на него, покрывая его не только своей шубой, но и всем своим тёплым телом. Василий Андреич лежал так, и теперь он не слышал ни движения лошади, ни бури, а только прислушивался к дыханию Никиты. Никита сначала долго лежал неподвижно, потом громко вздохнул и пошевелился.

— А вот видишь, а ты говоришь — умираешь. Лежи, я тебя буду греть, мы вот как... — начал говорить Василий Андреич.

Но дальше он, к своему великому удивлению, не мог говорить, потому что слёзы ему выступили на глаза. Он перестал говорить, потому что ему что-то в горле мешало. «Как видно, я так испугался, что ослаб совсем», — подумал он на себя. Но слабость эта его не только не была ему неприятна, но доставляла ему какую-то особенную, не испытанную ещё никогда радость.

Довольно долго он лежал так молча, и он чувствовал в себе какую-то особенную торжественную нежность. Он вытер глаза о мех шубы и закрыл ею свои колени.

Но ему так ужасно хотелось сказать кому-нибудь про своё радостное состояние.

— Никита! — сказал он.

– Хорошо́, тепло́, – отве́тил ему́ сни́зу Ники́та.

– Та́к-то, вот пропа́л бы я. И ты бы замёрз, и я бы . . .

Но тут опя́ть у него́ всё задрожа́ло, и глаза́ его́ опя́ть ста́ли полны́ слёз, и он не мог да́льше говори́ть.

И он замолча́л. Так он лежа́л до́лго.

Ему́ бы́ло тепло́ сни́зу от Ники́ты, тепло́ и све́рху от шу́бы; то́лько ру́ки, кото́рыми он держа́л концы́ шу́бы по бока́м Ники́ты, и но́ги, с кото́рых ве́тер всё вре́мя отвора́чивал шу́бу, начина́ли мёрзнуть. Осо́бенно мёрзла пра́вая рука́ без перча́тки. Но он не ду́мал ни о свои́х нога́х, ни о рука́х, а ду́мал то́лько о том, как бы согре́ть мужика́, кото́рый лежа́л под ним.

Не́сколько раз он взгля́дывал на ло́шадь и ви́дел, что спина́ её раскры́та и мешо́к лежи́т на снегу́, что на́до бы встать и покры́ть ло́шадь, но он не мог реши́ться ни на мину́ту оста́вить Ники́ту и прекрати́ть то ра́достное состоя́ние, в кото́ром он находи́лся. Стра́ха он тепе́рь не испы́тывал никако́го.

«Ничего́ с ним тепе́рь не бу́дет!» – говори́л он сам себе́ про то, что он нагре́ет мужика́, с той же ва́жностью, с кото́рой он говори́л про свои́ поку́пки.

Так лежа́л Васи́лий Андре́ич час и друго́й и тре́тий, но он не вида́л, как проходи́ло вре́мя. Снача́ла в мы́слях его́ кружи́лись впечатле́ния мете́ли, огло́бель и ло́шади под дуго́й. И вспомина́лось о Ники́те, кото́рый лежа́л под ним; пото́м ста́ли приходи́ть воспомина́ния о пра́зднике, жене́, я́щике для свече́й и опя́ть о Ники́те, кото́рый лежа́л под э́тим я́щиком. Пото́м ста́ли представля́ться мужики́, купцы́, и бе́лые сте́ны, и дома́ под желе́зом, под кото́рым и лежа́л Ники́та; пото́м всё э́то смеша́лось, одно́ вошло́ в друго́е. Вдруг все его́ впечатле́ния смеша́лись в одно ничто, и он заснул. Он спал долго, без снов, но перед рассветом опять появились сны. Представилось ему, что стоит он будто у ящика со свечами и Тихонова жена требует у него свечу за пять копеек к празднику, и он хочет взять свечу и дать ей, но он не может вытащить рук из карманов. Хочет он обойти ящик, но не может отнять ног от каменного пола. И вдруг ящик со свечами становится не ящиком, а постелью, и Василий Андреич видит себя на своей постели, в своём доме. И лежит он на постели и не может встать, а встать ему надо, потому что сейчас зайдёт за ним Иван Матвеич, начальник полиции, и с ним надо идти или покупать рощу, или поправить вожжи на жеребце. И спрашивает он у жены: «Что же, Иван Матвеич, не заходил?» — «Нет, говорит жена, не заходил». И слышит он, что подъезжает кто-то к крыльцу. Наверно, он. Нет, мимо проехал. И он лежит на постели и всё не может встать, всё ждёт. Ему становится и страшно и радостно. И вдруг он радуется: приходит тот, кого он ждал, и это уж не Иван Матвеич, а кто-то другой, но тот самый, кого он ждёт. Он пришёл и зовёт его, и этот, тот, кто зовёт его, тот самый, который позвал его и велел ему лечь на Никиту. И Василий Андреич рад, что этот кто-то пришёл за ним. «Иду!» — кричит он радостно, и крик этот будит его. И он просыпается, но просыпается уже не тем, каким он заснул. Он хочет встать — и не может, хочет двинуть рукой — не может, ногой — тоже не может. Хочет повернуть головой — и того не может. И он удивляется; но от этого он совсем не печален. Он понимает, что это смерть, и это нисколько не беспокоит его. И он вспоминает, что Никита лежит под ним и что он согрет и жив, и ему кажется, что он – Никита, а Никита – он, и что жизнь его не в нём самом, а в Никите. Он напряжённо слушает дыхание Никиты. «Жив Никита, значит, жив и я», – с радостью говорит он себе.

И он вспоминает про деньги, про лавку, дом, покупки и миллионы Мироновых; ему трудно понять, зачем этот человек, которого звали Василием Брехуновым, занимался всем тем, чем он занимался. «Что ж, ведь он не знал, в чём дело, – думает он про Василия Брехунова. – Не знал, так теперь знаю. Теперь уж без ошибки. Теперь знаю». И опять слышит он, что кто-то его зовёт. «Иду, иду!» – радостно, нежно говорит он. И он чувствует, что он свободен и ничто уж больше не держит его.

И больше уже ничего не видел и не слышал и не чувствовал в этом мире Василий Андреич.

Кругом всё так же курило. Тот же снег падал и покрывал шубу мёртвого Василия Андреича и жеребца, который весь дрожал, и чуть видные сани. На дне их лежал под мёртвым уже хозяином Никита.

ВОПРО́СЫ

1. Куда́ добра́лся с трудо́м Васи́лий Андре́ич?
2. Что шевели́лось в саня́х?
3. Как вёл себя́ Ники́та?
4. Что на́чал де́лать Васи́лий Андре́ич?
5. К чему́ прислу́шивался Васи́лий Андре́ич?
6. Что чу́вствовал Васи́лий Андре́ич?
7. Ду́мал ли Васи́лий Андре́ич о свои́х нога́х и рука́х?
8. Почему́ не встал Васи́лий Андре́ич чтобы покры́ть ло́шадь?
9. Что предста́вилось Васи́лию Андре́ичу?
10. Чему́ ра́довался Васи́лий Андре́ич?
11. Что веле́л Васи́лию Андре́ичу тот, кто пришёл?
12. Отчего́ проснýлся Васи́лий Андре́ич?
13. Что каза́лось Васи́лию Андре́ичу?
14. О чём вспомина́л Васи́лий Андре́ич?
15. Чу́вствовал ли и слы́шал ли что́-нибудь ещё Васи́лий Андре́ич в э́том ми́ре?
16. Что покрыва́л снег?
17. Кто лежа́л на дне сане́й?

ГЛАВА ДЕСЯТАЯ

Перед утром проснулся Никита. Разбудил его опять сильный холод. Он видел во сне, что он едет с телегой хозяйской муки,* проехал мимо моста и попал куда-то, откуда телега не могла выехать. И видит он, что он залез под телегу и поднимает её своей спиной. Но удивительное дело! Телега не двигается, и он не может ни поднять телегу, ни уйти из-под неё. Что-то тяжёлое и холодное лежит на нём. «Да ну довольно, – говорит он. – Вынимай мешки с телеги!» Но телега всё холоднее и холоднее прижимает его. Вдруг стучит что-то особенное, и он просыпается совсем и вспоминает всё. Холодная телега – это мёртвый от холода хозяин, лежащий на нём. А стукнул это жеребец, который ударил два раза ногами о сани.

– Андреич, а Андреич! – осторожно, уже чувствуя настоящую правду, позвал Никита хозяина.

Но Андреич не отвечал, и его холодное и тяжёлое тело лежало неподвижно.

«Кончилось всё, умер, должно быть. Царство ему небесное!» – думает Никита.

Он повёртывает голову, убирает перед собою снег рукою и открывает глаза. Светло; так же свистит ветер в оглоблях, и так же падает снег, с той только разницей,* что снег теперь не стучит о сани, а тихо покрывает сани и лошадь. Никита больше не слышал ни движения, ни дыхания лошади. «Замёрз, наверно, и он», – думает Никита про жеребца. И действительно,

---

* мука: то, из чего делают хлеб
* разница, от слова разный

те удáры ног о сáни, котóрые разбудúли Никúту, бы́ли послéдние пéред смéртью усúлия удержáться на ногáх.

«Бóже мой, вероя́тно, и меня́ зовёшь, – говорúт себé Никúта. – Твоя́ свята́я вóля. А стрáшно. Ну, да двух смертéй не бывáет, а от однóй не уйдёшь. Тóлько поскорéе бы...» И он опя́ть пря́чет рýку, закрывáя глазá, и забывáется, вполнé увéренный, что тепéрь он ужé навéрное и совсéм умирáет.

Ужé на слéдующий день мужикú нашлú Васúлия Андрéича и Никúту в тридцатú сажéнях от дорóги и в полуверстé от дерéвни.

Снег покры́л совсéм сáни, но оглóбли и платóк на них бы́ли ещё видны́. Жеребéц стоя́л глубокó в снегý весь бéлый, прижáв мёртвую гóлову к шéе. Кусóчки льда висéли как слёзы óколо егó глаз. Васúлий Андрéич был твёрдый как пáлка, когдá егó сня́ли с Никúты. Острые глазá егó совсéм замёрзли, и раскры́тый рот был пóлон снéга. Никúта же был жив. Когдá Никúту разбудúли, он был увéрен, что тепéрь он ужé ýмер и что то, что с ним тепéрь дéлают, происхóдит не на э́том, а на том свéте. Но когдá он услы́шал крúки мужикóв, и когдá онú сня́ли с негó мёртвого Васúлия Андрéича, он сначáла удивúлся, что на том свéте так же кричáт мужикú и такóе же тéло, но когдá пóнял, что он ещё здесь, на э́том свéте, он скорéе стал печáлен, чем рад, осóбенно когдá почýвствовал, что у негó пáльцы на обéих ногáх отморóжены.*

Лежáл Никúта в больнúце два мéсяца. Три пáльца емý óтняли, а остальны́е спаслú, так что он мог рабóтать, и ещё двáдцать лет продолжáл жить –

---

* отморóженный: мёртвый от морóза

снача́ла в рабо́тниках, а пото́м, под ста́рость, в сторожа́х.* Умер он то́лько в ны́нешнем году́ до́ма, как жела́л, под ико́нами и с свéчкой в рука́х. Пе́ред сме́ртью он проси́л жену́ прости́ть его́, а сам прости́л ей за мужика́, с кото́рым она́ жила́; прости́лся и с сы́ном и со вну́ками и у́мер, от се́рдца ра́дуясь тому́, что свое́й сме́ртью освободи́л сы́на с жено́й от забо́т и сам уже́ по-настоя́щему перехо́дит из э́той ему́ ску́чной жи́зни в ту другу́ю жизнь, кото́рая с ка́ждым го́дом и ча́сом станови́лась ему́ поня́тнее и прекра́снее. Лу́чше и́ли ху́же ему́ там, где он, по́сле э́той настоя́щей сме́рти, просну́лся? обману́ли ли его́ ожида́ния, и́ли нашёл там то са́мое, что ожида́л? – мы все ско́ро узна́ем.

---

* сто́рож: челове́к, кото́рый бережёт от воро́в чей-нибудь дом, ла́вку и т. д.

ВОПРО́СЫ

1. Когда́ просну́лсяНики́та?
2. Что ви́делНики́та во сне?
3. Кто был мёртвый?
4. Каку́ю пра́вду чу́вствовал Никита?
5. Слы́шал Ники́та движе́ние и дыха́ние ло́шади?
6. Отчего́ просну́лся Никита?
7. Почему́ бы́ло стра́шно Никите?
8. Что ду́мал Ники́та о сме́рти?
9. В чём был уве́рен Никита?
10. Что нашли́ мужики́ на сле́дующий день?
11. Видны́ бы́ли са́ни?
12. Как стоя́л жеребе́ц?
13. Что ду́мал Ники́та, когда́ его́ разбуди́ли?
14. Почему́ не обра́довался Никита?
15. Где лежа́л Ники́та два ме́сяца?
16. Ско́лько лет ещё жил Никита?
17. Где у́мер Никита?
18. Кака́я жизнь станови́лась поня́тнее Никите?